Von Henriette Wich sind in dieser Reihe erschienen:
Kleine Gutenacht-Geschichten zum Vorlesen (ab 2)
Kleine Sandmännchen-Geschichten zum Vorlesen (ab 2)
Kleine Feuerwehr-Geschichten zum Vorlesen (ab 3)
Kleine Ritter-Geschichten zum Vorlesen (ab 4)
Kleine Tier-Geschichten zum Vorlesen (ab 2)
Kleine Adventszeit-Geschichten zum Vorlesen (ab 2)
Kleine Zauber-Geschichten zum Vorlesen (ab 3)
Kleine Traum-Geschichten zum Vorlesen (ab 2)

Henriette Wich, geboren 1970 in Landshut, wuchs mit
sechs Geschwistern auf und fing früh an zu erzählen. Nach
dem Studium (Germanistik, Philosophie) arbeitete sie sechs
Jahre als Lektorin in Kinder- und Jugendbuchverlagen
und lebt heute als freie Autorin in München.

Barbara Scholz, geboren 1969 in Herford, lernte zunächst den
Beruf der Druckvorlagenherstellerin. Seit dem Abschluss
ihres Design-Studiums in Münster arbeitet sie mit Freundinnen
in einem kleinen Atelier und illustriert Kinderbücher
für verschiedene Verlage.

© Verlag Heinrich Ellermann GmbH, Hamburg 2003
Alle Rechte vorbehalten
Einband und farbige Illustrationen von Barbara Scholz
Reproduktion: Die Litho, Hamburg
Druck und Bindung: Himmer AG, Augsburg
Printed in Germany 2008
ISBN 978-3-7707-3962-2

www.ellermann.de

Henriette Wich · Barbara Scholz

Kleine
Ritter
Geschichten

zum Vorlesen

ellermann

Raubritter Rolands größter Schatz

Raubritter Roland war der Schrecken der Landstraße. Alle reichen Leute, die verreisen mussten, fürchteten sich vor ihm. Denn er raubte alle gnadenlos aus.

Eines Tages rollte eine besonders prächtige Kutsche auf ihn zu. Raubritter Roland versteckte sich im Gebüsch und wartete, bis die Kutsche dicht vor ihm war. Dann sprang er auf den Kutschbock. Der Kutscher zerrte vor Schreck an den Zügeln. Wiehernd blieben die Pferde stehen. Da streckte eine junge Dame den Kopf aus der Kutsche. »Was ist denn los, Jakob?«

Raubritter Roland winkte ihr zu, während er den Kutscher fesselte. »Zeit für eine kleine Rast!«, grinste er. Wetten, dass die gleich in Ohnmacht fiel? Doch er täuschte sich gewaltig. Die Dame sprang aus der Kutsche und lief strahlend auf ihn zu. »Hurra, ein echter Raubritter! Endlich habe ich einen gefunden. Guten Tag! Ich bin Prinzessin Adelgunde. Und wie ist Euer Name?«

»R...Raubritter Roland«, stammelte er.

Prinzessin Adelgunde schüttelte seine Hand. »Freut mich sehr, Raubritter Roland!« Fassungslos starrte er sie an und rührte sich nicht vom Fleck. »Worauf wartet Ihr noch?«, fragte Prinzessin Adelgunde. »Wollt Ihr mich nicht ausrauben?«

Raubritter Roland konnte es immer noch nicht glauben. Da riss sich Prinzessin Adelgunde die Perlenkette vom Hals und legte sie in seine Hand. Auf einmal wusste Raubritter Roland wieder, was er zu tun hatte. Er zog der Prinzessin sämtliche Ringe von den Fingern, streifte ihr die goldenen Armbänder ab und klaute die Krone aus ihrem Haar. Schnell stopfte er alles in sein Wams.

»In der Kutsche ist noch mehr«, lächelte Prinzessin Adelgunde.

Raubritter Roland machte sich an die Arbeit. Unter den Bänken fand er Diamanten, Seidenstoffe und einen goldenen Pokal. Es war so viel, dass er gar nicht alles tragen konnte. Kurzerhand leerte er die Reisetaschen der Prinzessin aus und warf das Diebesgut hinein.

Als er fertig war, klatschte Prinzessin Adelgunde in die Hände. »Bravo, wundervoll!«

»War mir ein Vergnügen«, murmelte Raubritter Roland verlegen und wollte sich aus dem Staub machen.

Doch Prinzessin Adelgunde hielt ihn fest. »Geht nicht schon wieder weg!«, sagte sie. »Wir haben uns doch gerade erst kennen gelernt.«

»Ich muss los, weiterrauben«, sagte Raubritter Roland ungeduldig.

»Und ich muss zurück auf meine Burg«, sagte Prinzessin Adelgunde. »Wollt Ihr mich nicht begleiten? Dort könnt Ihr gerne weiterrauben. Ich bin sicher, Ihr findet jede Menge Schätze.«

»Schon überredet«, rief Raubritter Roland. Schnell befreite er den Kutscher von seinen Fesseln und setzte sich neben Prinzessin Adelgunde in die Kutsche.

Die Fahrt verging wie im Flug. Raubritter Roland erzählte von seinen Raubzügen, und Prinzessin Adelgunde hörte ihm begeistert zu. Als sie schließlich bei der Burg ankamen, nahm Prinzessin Adelgunde ihn an der Hand und führte ihn zu ihren Eltern.

»Ich habe meinen Raubritter gefunden«, sagte sie zu ihnen. »Entweder heirate ich den oder keinen!« Die Eltern lachten. »Einverstanden. Hauptsache, du bist glücklich. Dann wollen wir gleich Hochzeit feiern.«

Und bevor Raubritter Roland wusste, wie ihm geschah, war er schon mit Prinzessin Adelgunde verheiratet.

Aber er bereute es nicht. Jeden Tag raubte er einen anderen Schatz von Prinzessin Adelgunde und versteckte ihn in einem geheimen Winkel der Burg. Prinzessin Adelgunde musste dann den Schatz wieder suchen. Das machte ihr großen Spaß. Und wenn Raubritter Roland besonders gut gelaunt war, sagte er zu Prinzessin Adelgunde: »Deine Schätze sind herrlich. Aber du bist mein größter Schatz!«

Leonhard und der Drache

Leonhard weinte vor Wut. Schon wieder zogen sich die Ritter in den großen Saal zurück. Und er durfte nicht dabei sein, bloß weil er noch ein Knappe war. Aber diesmal gab er nicht so schnell auf. Leise schlich Leonhard zur Tür des großen Saals. Und er hatte Glück. Die Tür stand ein wenig offen. Leonhard lugte durch den Spalt. Die Ritter saßen an der langen Tafel und redeten aufgeregt durcheinander.

»Der Drache ist einfach stärker als wir!«, rief Alberich.

»Er zerstört ein Getreidefeld nach dem anderen«, rief Otmar mit Tränen in den Augen. »Bald werden wir nichts mehr zu essen haben.«

Plötzlich schlug Kuno, der älteste Ritter, mit der Faust auf den Tisch. »Ihr müsst ihn endlich töten!«

»Das haben wir doch schon versucht«, verteidigte sich Dietram. »Jeder von uns hat gegen ihn gekämpft, aber jeder hat den Kampf verloren. Der Drache ist so riesig!«

»Seid ihr Ritter oder Feiglinge?«, brüllte Kuno. Die Ritter zogen die Köpfe ein und schwiegen. Da rannte Leonhard in den Saal und sprang auf den Tisch. »*Ich* werde gegen den Drachen kämpfen!«

»Was? Ausgerechnet du?«, lachte Alberich.

»Du bist doch nur ein kleiner Knappe«, sagte Dietram.

Leonhard rief laut: »Ich bin nur ein Knappe, aber ich hab keine Angst vor Drachen.«

»Das ist ein Wort«, sagte Kuno. »Nehmt euch an Leonhard ein Beispiel! Also gut, Leonhard. Reite hinaus und kämpfe. Aber pass auf dich auf.«

»Keine Sorge!«, rief Leonhard, sprang vom Tisch und lief zur Tür.

»Viel Glück!«, wünschten die Ritter.

Leonhard sattelte schnell sein Pferd und ritt los. Nach einer Stunde kam er zu einer großen Wiese. Viele Steine lagen dort herum. Einer war riesig. Leonhard ritt auf ihn zu, da richtete sich der Stein plötzlich auf. Es war gar kein Stein, es war der Drache! Leonhard blieb fast das Herz stehen. Der Drache war dreimal so groß wie er selbst! Er riss sein rotes Maul auf. Hilfe, gleich würde er Feuer spucken! Leonhard stoppte zitternd sein Pferd. Er zog sein Schwert und ritt ganz langsam auf den Drachen zu. Je näher er kam, umso deutlicher konnte er sein Gesicht sehen. Es war voller Warzen. Und über diese Warzen liefen dicke Tränen. Der Drache weinte! Verblüfft steckte Leonhard sein Schwert ein. »Warum weinst du?«

Der Drache starrte Leonhard mit großen, wässrigen Augen an. »Du bist der Erste, der mich das fragt. Die anderen Ritter sind sofort auf mich losgegangen.«

»Aber du hast sie doch alle besiegt«, wunderte sich Leonhard. »Warum weinst du dann?«

10

»Weil ich so allein bin«, schluchzte der Drache.

»Ich suche einen Freund, aber alle laufen weg vor mir.«

Leonhard nickte. »Das kenn ich gut. Ich bin auch viel allein. Die anderen Ritter wollen mich nicht dabeihaben, weil ich noch ein Knappe bin.«

»Das ist gemein!«, sagte der Drache. »Stimmt«, sagte Leonhard. »Weißt du was? Wenn wir beide allein sind, könnten wir doch Freunde werden.« Der Drache schniefte. »*Du* willst mein Freund sein?«

»Warum nicht?«, sagte Leonhard. »Hurra!«, brüllte der Drache. »Sag mal, soll ich deinen blöden Rittern mal so richtig einheizen?« Dabei spuckte er eine kleine Feuerfontäne in die Luft.

»Bloß nicht!«, rief Leonhard. »Dein tolles Feuerwerk ist viel zu schade für die.« Der Drache grummelte enttäuscht. »Du kannst so oft Feuer spucken, wie du willst«, sagte Leonhard schnell. »Aber nur für mich, hier auf der Wiese. Würdest du das tun?«

»Mit dem größten Vergnügen!«, sagte der Drache und fing gleich damit an.

Der rasselnde Rufus

Rufus gähnt. Schon seit einer Stunde läuft er jetzt mit Mama und Papa durchs Museum. Er hat tausend Bilder und Vasen und Tonscherben gesehen.

»Ich will nach Hause!«, ruft er und zerrt an Mamas Hand.

Papa lächelt. »Warte noch ein bisschen. Im nächsten Saal ist was ganz Tolles.«

»Klar«, sagt Rufus und muss schon wieder gähnen. Müde schlurft er in den nächsten Raum. Dort bleibt er plötzlich stehen und reißt die Augen auf. Der ganze Saal ist voller Ritterrüstungen! Da gibt es silberne und golden glänzende. Manche haben nur einen Brustpanzer, andere bestehen aus einem Kettenhemd und Kettenstrümpfen. Aber am besten gefallen Rufus die Metallrüstungen, die den ganzen Körper bedecken.

»Willst du jetzt immer noch nach Hause?«, fragt Mama.

Rufus schüttelt den Kopf. »Ich will in so eine Rüstung steigen.«

»Das geht leider nicht«, sagt Papa.

»Warum denn nicht?«, fragt Rufus.

»Die Ritter damals sind doch auch in die Rüstungen gestiegen. Sie haben sogar damit gekämpft.«

»Stimmt«, sagt Mama. »Aber die Rüstungen sind schon sehr alt. Sie könnten kaputtgehen. Wenn andere Leute ins Museum kommen, wollen sie keine kaputten Rüstungen sehen. Das willst du selber doch auch nicht, oder?«

Rufus gibt nicht auf. »Ich mach die Rüstung nicht kaputt. Ich pass ganz doll auf, versprochen!«

»Nein!«, sagen Mama und Papa streng.

Rufus stampft mit dem Fuß auf. »Nie darf ich was!«

»Komm«, sagt Mama. »Im nächsten Raum sind Musikinstrumente aus der Ritterzeit.«

Rufus will die Instrumente nicht sehen. Trotzdem muss er mit. Mama und Papa bleiben vor jeder blöden Harfe endlos lange stehen. Rufus haben sie anscheinend völlig vergessen. Da hat er eine Idee.

Auf Zehenspitzen geht er ein paar Schritte weg von Mama und Papa. Die merken nichts! Rufus dreht sich um und schleicht zurück in den Rittersaal. Dort ist kein Mensch. Rufus sucht sich eine kleine, herrlich blinkende Rüstung aus. Die ist hinten sogar offen. Rufus kann ganz leicht hineinklettern. Er legt seine Arme in die Armschienen und seinen Kopf in den Helm. Dann versucht er, die Arme zu bewegen. Puh, ist die Rüstung schwer! Rufus probiert es noch mal. Die Rüstung quietscht, aber er kann die Arme hochheben. Jetzt wackelt er noch etwas mit den Beinen und mit dem Kopf. Das macht Spaß.

»Bravo!«, ruft plötzlich jemand. »Super Vorstellung!«

Rufus erschrickt. Er hört Leute klatschen. Dann macht es: »Knips!«, und es blitzt durch die schmalen Öffnungen des Helms. Vorsichtig hebt Rufus sein Visier ein Stückchen hoch. Mehrere Besucher stehen vor seiner Rüstung! Einer schießt lauter Fotos.

»Was ist denn hier los?«, ruft eine energische Männerstimme hinter der Gruppe. »Aus dem Weg! Ich bin vom Museum.«

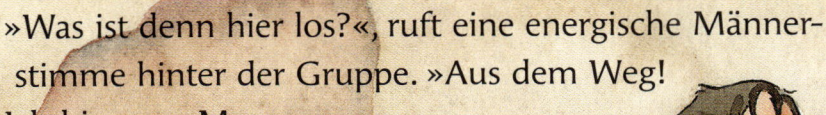

Rufus fängt vor Schreck an zu zittern. Die Rüstung wackelt hin und her.
»Bravo!«, rufen die Leute wieder.

Der Mann entdeckt Rufus hinter der Rüstung. »Was machst du denn hier?«, zischt er. »Das ist verboten!«

Rufus wird rot. »Ich wollte nur mal die Rüstung ausprobieren«, sagt er leise.

»Wir möchten den tapferen Ritter sehen!«, ruft da ein Besucher.

»Ja, genau!«, rufen die anderen.

Plötzlich lächelt der Mann, hilft Rufus aus der Rüstung und schiebt ihn vor zu den Besuchern. Die klatschen begeistert.

Der Mann klopft Rufus auf die Schulter. »Willst du nächstes Wochenende hier wieder Ritter spielen? Nur wenn deine Eltern einverstanden sind, natürlich.«

Rufus beißt sich auf die Lippe. Das erlauben die bestimmt nie! Da entdeckt er Mama und Papa unter den Besuchern. Sie winken ihm fröhlich zu.

Und Papa ruft: »Klar kommt Ritter Rufus zurück. Nächsten Sonntag können Sie ihn wieder bewundern: den gefürchteten, rasselnden Rufus!«

Klein, aber oho!

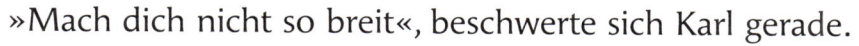

Ritter Konrad freute sich auf das Turnier in
Ulmenbach. Endlich würde er seine Freunde
Karl und Eckbert wieder sehen. Als er in Ulmenbach
ankam, entdeckte er die beiden sofort, weil
sie wie früher miteinander stritten.
»Mach dich nicht so breit«, beschwerte sich Karl gerade.
»Der Lagerplatz gehört nicht dir allein.«
»Tu ich doch gar nicht!«, widersprach Eckbert.
»Karl, Eckbert!«, rief Konrad. »Ihr habt euch ja gar nicht verändert.«
Karl grinste. »Und du bist auch noch genauso winzig wie früher.«
Konrad zuckte mit den Schultern. Er hatte sich längst damit abgefunden,
dass er überall der Kleinste war. »Wie lange ist das jetzt her?«, überlegte
er laut. »Zehn Jahre? Ach, das waren wunderbare Zeiten bei Graf Anselm.
Ich werde unsere Ritter-Lehrjahre nie vergessen.«
Karl und Eckbert nickten. Dann erzählten sich die Freunde Geschichten
von damals.
»Hast du schon viele Turniere gewonnen?«, fragte Karl schließlich neu-
gierig.
»Nein, nicht besonders viele«, gab Konrad zu.
Karl lächelte. »Mach dir nichts draus, Kleiner! Du wirst schon noch Erfolg
haben. Tja, aber wahrscheinlich nie so großen wie ich. Ich habe nämlich ...«
 »Wie viele Pferde hast du dabei, Konrad?«, fiel Eckbert ihm ins Wort.
Konrad wollte gerade antworten, dass er nur ein Pferd dabeihätte, seinen
geliebten Hengst Frodo. Da kam ihm Karl zuvor. »Ich hab fünf Pferde mit-
gebracht«, trumpfte er auf.

Eckbert wurde rot. »Ich hab vier dabei, aber lauter edle Araberhengste.«

»Hört auf zu streiten!«, rief Konrad. Doch die beiden beachteten ihn gar nicht.

»Meine Pferde sind trotzdem viel schneller als deine!«, behauptete Karl.

»Woher willst du das wissen?«, fragte Eckbert.

Karl zog Eckbert am Arm hinüber zur Weide. »Da, überzeug dich selbst. Siehst du die feurigen Hengste dort drüben?«

Konrad gab es auf. Er ging in den Stall und befahl seinem Knappen, Frodo zu striegeln und zu satteln. Danach legte er seine Rüstung an. In dem Moment schallten die Trompeten. Das Turnier fing an! Konrad winkte Karl und Eckbert zu, aber die stritten immer noch und sahen es nicht. Selber schuld!

Konrad stieg auf seinen Hengst und ließ sich Schild und Lanze geben.

»Wir schaffen das!«, flüsterte er Frodo ins Ohr. Und Frodo wieherte übermütig.

Der erste Wettkampf war Ringelstechen. Konrad kam als Letzter dran. Die anderen Ritter waren gut, aber keiner holte alle fünf Ringe von der Stange. Dann durfte Konrad an den Start. Er atmete tief durch und nahm Anlauf. Im Galopp streckte er seine Lanze weit nach vorne. Die Stange mit den Ringen kam näher und näher. Konrad stieß zu – und hatte alle Ringe auf seiner Lanze!

»Bravo!«, riefen die Zuschauer. »Bravo!«

Konrad stoppte Frodo und verbeugte sich strahlend vor den Zuschauern. Danach ritt er zur Siegertribüne. Dort warteten Graf Anselm und seine wunderschöne Enkelin Cäcilie.

Graf Anselm gratulierte Konrad. Und Cäcilie legte
Konrad einen Kranz um den Hals und gab ihm
einen Kuss auf die Wange.
»Konrad hat schon was gewonnen!«, hörte er
plötzlich Karl rufen.
Eckbert und Karl standen ohne Pferd und
Rüstung am Rand des Turnierplatzes
und staunten ihn an.
Konrad ließ sich nicht aus der Ruhe bringen.
Er dankte Cäcilie und verbeugte sich noch einmal
vor den Zuschauern. Dann ritt er wieder langsam
vom Platz.
Karl und Eckbert rannten ihm entgegen und
halfen ihm vom Pferd.
»Starke Leistung, Kleiner!«, sagte Karl.
»Denen hast du's gezeigt«, sagte Eckbert.
Konrad lachte. »Danke! Aber jetzt beeilt euch,
damit ihr auch einen Wettkampf gewinnt. Graf
Anselm soll doch stolz auf uns drei sein.«

Hoch auf dem Schild

Edda ist gespannt wie ein Flitzbogen. Das erste Mal darf sie beim Ritterfest dabei sein. Wie wohl die verkleideten Ritter, Knappen und Edeldamen aussehen werden?

Je näher Edda mit Mama und Papa zum Marktplatz kommt, umso lauter wird es. Der Platz sieht heute ganz anders aus. Ein Holzzaun ist drum herum aufgebaut. Statt Autos stehen überall am Rand Zelte. Und in der Mitte sind Tische und Bänke.

»Hallo, setzt euch an unseren Tisch!«, ruft eine Frau und winkt.

»Gerne«, sagt Eddas Mama.

An dem Tisch sitzen nur Erwachsene. Und keiner von ihnen ist verkleidet. Edda rutscht auf der Bank hin und her. »Darf ich rumlaufen und mir alles ansehen?«, fragt sie.

»Ja«, sagt Papa. »Aber geh nicht so weit weg!« Edda nickt und springt davon. Drüben bei dem großen Zelt entdeckt sie ein paar Ritter in Kettenhemden. Sie stehen vor einem Grillspieß, an dem sich ein ganzer Ochse dreht.

»Für mich ein großes Stück!«, ruft ein Ritter. »Ich hab einen harten Kampf hinter mir.« Edda läuft das Wasser im Mund zusammen. Der Ritter spießt ein Bratenstück auf sein Schwert und beißt hinein. Edda guckt mit großen Augen zu. Da lachen die Ritter schallend. Edda geht schnell weiter.

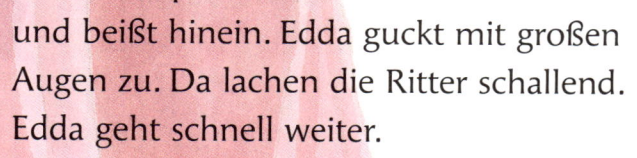

Rechts am Rand stehen ein paar Edeldamen im Kreis. Sie haben lange Samtkleider an, und im offenen Haar tragen sie grüne Kränze. So einen Kranz hätte Edda auch gerne. Aber sie traut sich nicht zu fragen.

Da dreht sich eine der Edeldamen zu ihr um. »Hallo, Kleine! Hast du deine Eltern verloren?«

Edda schüttelt den Kopf und geht schnell weiter. Mitten auf dem Platz hat sich eine Traube von Menschen gebildet. Drei Männer in bunten Kostümen führen Kunststücke auf. Zwei lassen Marionetten tanzen. Aber am besten gefällt Edda der dritte. Er jongliert mit fünf Bällen, hüpft dabei herum und lässt trotzdem keinen einzigen Ball fallen.

»Bravo!«, ruft Edda und klatscht begeistert.

Der Jongleur zwinkert ihr zu und kommt näher. Dann wirft er die Bälle über ihren Kopf und fängt sie hinter ihrem Rücken wieder auf.

»Möchtest du es auch mal versuchen?«, fragt er.

Edda nickt. Der Jongleur gibt ihr zwei Bälle und zeigt ihr, wie es geht. Edda wirft und fängt und hüpft wie der Jongleur. Aber die Bälle fallen immer wieder runter. Der Jongleur und die Leute klatschen trotzdem. Edda hüpft immer wilder herum. Auf einmal rutscht sie aus und fällt hin.

»Aua!«, ruft sie. »Mein Fuß!«

Der Jongleur kniet sich neben sie. »Kannst du aufstehen?«

Edda versucht es, aber der Fuß tut höllisch weh.

»Warte! Ich helfe dir«, ruft plötzlich jemand.

Edda hebt überrascht den Kopf. Ein Knappe mit einem Schild in der Hand steht vor ihr. Das ist ja Alfred, ein Freund von Papa und Mama!

»Hallo Edda! Soll ich dich zu deinen Eltern bringen?«, fragt Alfred.

»Ja, bitte«, sagt Edda.

Alfred hebt sie vorsichtig hoch und setzt sie auf seinem Schild ab. »Du musst dich aber gut festhalten.«

»Klar«, sagt Edda.

Und schon stemmt Alfred den Schild hoch. Edda jubelt. Sie kommt sich vor wie auf einem fliegenden Teppich. Von hier oben kann sie alles sehen. Alfred trägt sie sicher durch die Menschenmenge und setzt sie vor ihren Eltern ab.

»Was ist passiert?«, fragt Mama erschrocken.

Edda erzählt schnell alles.

Papa klopft Alfred auf die Schulter. »Zum Glück warst du zufällig in der Nähe.«

»Tausend Dank!«, sagt Mama.

Alfred lächelt. »Keine Ursache. Als Knappe hab ich sonst nicht viel zu tun. Es hat richtig Spaß gemacht, Edda zu retten.« Und zu Edda sagt er: »Der ist für dich. Werd schnell wieder gesund, ja?« Damit drückt er ihr einen grünen Kranz ins Haar.

»Jetzt siehst du aus wie eine richtige Edeldame«, sagt Mama. Und Edda strahlt.

König Artus' Bart

»Tretet ein, edle Knappen!
Eure Zeit ist gekommen«,
verkündete Keye.
Damit öffnete er langsam
die Tore zu König Artus' Burg.

»Endlich!«, rief Kuno. »Wir warten schon ewig.«

Keye sah Kuno streng an. »Als Ritter musst du lernen, geduldig zu sein.
Und nun sei gefälligst leise, du bist beim großen König Artus.«

»Jawohl«, sagte Kuno. Trotzdem kribbelte es in seinen Beinen. Er wollte
jetzt endlich zum Ritter geschlagen werden!

Zusammen mit sechs anderen Knappen betrat er neugierig den riesigen
Rittersaal. Dort stand nur ein runder Tisch für die berühmte Tafelrunde.
Von der hatte Kuno schon viel gehört. Die Ritter der Tafelrunde sahen den
Knappen entgegen. Keiner lächelte, alle schwiegen feierlich. Die Stille war
so groß, dass man die Ritter atmen hörte. Da ging am anderen Ende des
Saals eine Tür auf, und König Artus trat ein. Keye gab den Knappen ein
Zeichen. Verbeugen!, hieß das. Kuno tat es, aber aus den Augenwinkeln
schielte er hinüber zum König. Artus war schon uralt, hielt sich jedoch ker-
zengerade. Seine schlanke Gestalt steckte in einem goldenen Kettenhemd.
Am besten gefiel Kuno der rauschende, weiße Bart des Königs. So einen
langen Bart hatte er noch nie gesehen.

»Herzlich willkommen, ihr Knappen aus Ost und aus West, aus Süd und
aus Nord«, rief König Artus. »Der Ruhm eurer Tapferkeit, Treue und
Freigiebigkeit ist bis zu uns vorgedrungen. So will ich euch heute in meine
Tafelrunde aufnehmen. Tretet nun einzeln vor.«

21

Sofort wollte Kuno zu König Artus rennen, doch Keye hielt ihn fest und schob ihn einfach auf den letzten Platz. Kuno wurde rot vor Wut. Was bildete sich dieser blöde Keye eigentlich ein?

Inzwischen kniete der erste Knappe vor König Artus. Er war so groß, dass Kuno nichts sehen konnte.

»Der nächste Ritter, bitte!«, rief König Artus.

Kuno trat von einem Fuß auf den anderen. Es blieb ihm nichts anderes übrig, als zu warten. Endlich war er an der Reihe. Schnell lief er zum König und warf sich auf die Knie.

»Knappe Kuno«, rief König Artus. »Hiermit schlage ich dich zum Ritter.« Kuno spürte es kaum, so leicht berührte ihn der König mit dem Schwert erst auf der rechten, dann auf der linken Schulter.

»Steh auf, Ritter Kuno«, sagte König Artus. Kuno gehorchte. Und zum ersten Mal sah er dem König ins Gesicht. Wie sein Bart glitzerte! Als ob er aus reinem Silber wäre.

Doch plötzlich stutzte Kuno. Mitten in König Artus' Bart hing ein abgenagter, kleiner Knochen. Kuno beugte sich schnell zum König vor und flüsterte es ihm ins Ohr.

»Was fällt dir ein?«, zischte Keye.

»Lass ihn!«, rief König Artus. Er griff in seinen Bart, pulte den Knochen heraus und warf ihn auf den Boden. Dann nickte er Kuno zu. »Ein ehrliches Wort zur rechten Zeit – das gefällt mir. Die anderen haben es sicher auch gesehen, aber nur du hast den Mut gehabt, es auszusprechen. Willst du beim Festmahl neben mir sitzen?«

Kuno streckte stolz die Brust raus. »Sehr gern, König Artus!«

Und schon wurden die feinsten Speisen aufgetragen: Wildschweine, Fasane, Rebhühner und Brote so groß wie Wagenräder. Ein Knappe füllte die goldenen Pokale mit Wein.

»Auf Ritter Kuno!«, rief König Artus und leerte seinen Pokal in einem Zug. Dann flüsterte er Kuno ins Ohr: »Ich muss ja ziemlich dämlich ausgesehen haben mit dem Knochen im Bart.«

Kuno grinste verlegen. »Ja, schon.«

Da schlug sich König Artus lachend auf die Schenkel. Und Kuno lachte aus voller Kehle mit.

Das falsche Kostüm

»Hü!«, ruft Cornelia. »Schneller, Prinz!«

Wiehernd galoppiert das Schaukelpferd Prinz auf die Ritterburg zu.

»Wir kommen!«, brüllt Cornelia.

Hinter den Zinnen stellen sich die Wächter auf. Lautstark blasen sie in ihre Trompeten: »Dingdong!« Cornelia zerrt an den Zügeln. Was war denn das? Seit wann klingen Trompeten wie Glocken? Ach so, es hat an der Wohnungstür geklingelt!

Schnell springt Cornelia vom Schaukelpferd und rennt zur Tür. Mama hat schon aufgemacht.

»Oma!«, ruft Cornelia und fällt ihrer Großmutter um den Hals.

»Meine kleine Prinzessin«, lacht Oma. »Schön, dich zu sehen.«

Mama nimmt Oma den schweren Reisekoffer ab. »Komm erst mal rein«, sagt sie. »Es gibt Faschingskrapfen.«

»Und nächste Woche geh ich auf den Kinderfasching«, erzählt Cornelia.

»Soso«, sagt Oma. Sie setzt sich aufs Sofa und raschelt mit einer Tüte.

»Überraschung für dich!«, lächelt sie. Damit überreicht sie Cornelia ein großes Geschenk.

»Danke!«, ruft Cornelia und reißt den Karton auf. Innen drin ist ein rosa Kleid mit Schleier und eine goldene Krone. »Was soll ich denn damit?«, fragt Cornelia.

»Das ist dein Faschingskostüm«, sagt Oma. »Ich hab es extra für dich genäht. Du wolltest doch immer als Prinzessin gehen.«

Enttäuscht legt Cornelia Kleid und Krone zurück in den Karton. »Prinzessin sein ist doof«, sagt sie. »Da muss man immer brav sein. Ich will ein Ritter sein. Ich will kämpfen!«

»Ach so«, sagt Oma leise. »Wenn ich das gewusst hätte.«

»Zieh das Kleid wenigstens mal an, Cornelia!«, schlägt Mama vor.

»Vielleicht gefällt es dir ja doch. Oma hat sich solche Mühe gegeben.«

Cornelia verschränkt die Arme vor der Brust. »Ich verkleide mich nicht als Prinzessin! Lieber geh ich ohne Kostüm zum Fasching.«

»Werd nicht frech, Cornelia!«, schimpft Mama.

»Lass nur!«, sagt Oma zu Mama. »Ich bin selber schuld. Ich hätte Cornelia vorher fragen sollen. Hm, was machen wir denn jetzt?« Oma streicht mit den Händen über das Kleid. Plötzlich leuchten ihre Augen. »Ich hab's! Wir zaubern aus dem Prinzessinnenkostüm ein Ritterkostüm.«

Cornelia stöhnt. »Hast du schon mal einen Ritter mit rosa Rüstung und Schleier gesehen?«

»Natürlich nicht«, antwortet Oma. »Aber den Stoff kann ich einfärben und umnähen. Und aus dem Schleier machen wir ein Kettenhemd.«

»Na toll«, sagt Cornelia.

Oma zieht Cornelia zu sich heran. »Wollen wir es versuchen? Hilfst du mir dabei? Ich weiß nämlich nicht genau, wie ein Ritter aussieht.«

»Aber ich!«, ruft Cornelia. »Ich zeig's dir.« Sie holt ihren Block und Stifte und malt einen Ritter. »Schwert und Schild braucht er natürlich auch noch«, sagt sie und zeichnet beides dazu. Auf den Schild malt sie eine gelbe Krone.

»Sehr schön«, lächelt Oma. »Die Krone haben wir ja schon. Magst du sie auf ein Stück Pappe kleben?« Cornelia nickt. Oma setzt sich an die Nähmaschine. Bald sind beide in ihre Arbeit vertieft.

Eine Stunde später ist Cornelia fertig.

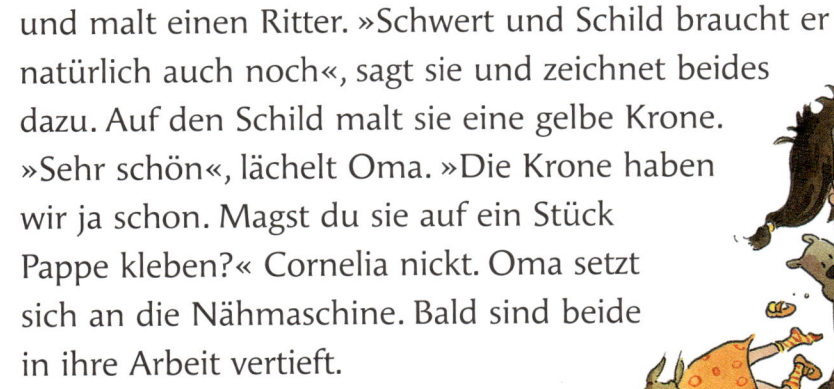

Sie hat den Schild extra mit Alufolie umwickelt und hinten einen Griff befestigt. Jetzt sieht er richtig echt aus.

»Wie lange dauert's bei dir noch?«, fragt sie.

»Bis morgen Abend«, verspricht Oma.

Als Cornelia am nächsten Tag zum Abendessen kommt, hängt über ihrem Stuhl ein silberner Ritteranzug mit Brustpanzer und Beinschienen. Er blinkt gefährlich und sieht überhaupt nicht mehr nach Prinzessin aus. Cornelia schlüpft hinein, zieht das Kettenhemd darüber und nimmt Schwert und Schild in die Hand.

»Hilfe, ein Ritter!«, ruft Oma.

Cornelia fuchtelt mit dem Schwert vor ihr herum. »Hab ich dich endlich, du Schuft!«, kreischt sie.

Und dann nimmt sie Oma gefangen.

Wer hat Angst vor Hakon?

Der Abschied fiel Ritter Hakon schwer.
Zum ersten Mal machte er eine lange Reise – von Turnier zu Turnier. Er musste alle zurücklassen, die er liebte: seine Familie, seine Freunde und seinen treuen Wanderfalken Hannibal. Der flog traurig um ihn herum.
»Du kannst leider nicht mit«, sagte Hakon. Er ließ den großen Falken mit den mächtigen Schwingen auf seiner Hand landen und strich ihm über den Kopf. »Pass auf dich auf!«
Hannibal krächzte leise. Schließlich verzog er sich auf einen Baum. Hakon überprüfte den Sitz seiner neuen Rüstung, stieg auf sein Pferd und klappte das Visier des Helms herunter. Dann galoppierte er schnell davon. Er ritt so lange, bis er in eine Gegend kam, die er nicht mehr kannte. Am Gipfel eines Hügels machte er Halt und schaute in die Ferne. Die Sonne ging gerade unter. Da sah er zwei Reiter am Horizont. Hakon legte die Hand an sein Schwert. Die Reiter sprengten auf ihn zu und zückten ihre Schwerter. Hakon holte zum ersten Schlag aus.
»Hilfe!«, riefen die Reiter plötzlich und rissen ihre Pferde herum. Bevor Hakon bis drei zählen konnte, waren sie wie vom Erdboden verschluckt.
Hakon guckte ihnen verblüfft hinterher. Sah er so Furcht erregend aus? Lag es vielleicht an seiner neuen Rüstung? Hakon war mächtig stolz auf seine pechschwarze Rüstung mit den silbernen Streifen. Wenn er sich bewegte, verwandelten sich die Streifen in zuckende Blitze.

Und in der Dämmerung konnte das richtig gefährlich wirken. Ja, das musste es gewesen sein, dachte er.

Als es dunkel wurde, suchte sich Hakon ein Lager für die Nacht. Weil er fror, legte er die Rüstung beim Schlafen nicht ab.

Am nächsten Morgen weckte ihn ein Schrei. »Aaah! Lauft schnell weg!« Hakon klappte sein Visier hoch und sah gerade noch drei Bauern davonrennen. Komisch, dachte er, es ist doch ganz hell! Warum haben die Angst vor mir?

Kopfschüttelnd machte er sich fertig und ritt weiter. Bald erreichte er einen großen Wald. Als er ihn fast durchquert hatte, hörte er auf einmal Stimmen. Hakon trieb sein Pferd an und kam auf eine Lichtung mit vielen Zelten. In der Mitte stand eine Tribüne. Pferde wieherten. Ritter stiegen gerade in ihre Rüstungen.

»Ein Turnier!«, rief Hakon begeistert. Wenn er sich beeilte, konnte er bestimmt noch mitmachen. Schnell ritt er auf eine Gruppe von Rittern zu, die ihre verbeulten Schwerter gerade bogen.

»Wo kann ich mich hier fürs Turnier anmelden?«, fragte er.

Die Ritter ließen zitternd ihre Schwerter sinken. Ein Ritter streckte stumm die Hand aus und zeigte auf das größte Zelt. Hakon stieg vom Pferd und betrat das Zelt. Ein Ritter in einer goldenen Rüstung erhob sich von seinem Stuhl.

Hakon nahm den Helm ab und verbeugte sich tief. »Ich bin Hakon und bitte um die Ehre, am Turnier teilnehmen zu dürfen«, sagte er.

Plötzlich löste sich ein schwarzer Schatten von Hakons Helm und flog quer durchs Zelt. »Was ist das?«, fragte der goldene Ritter. »Habt Ihr eine Fledermaus mitgebracht?«

»Nein«, sagte Hakon verwundert. Da fing der Schatten an zu krächzen. Es war Hannibal, sein Wanderfalke!

»He, komm her zu mir!«, rief Hakon. Sofort setzte sich Hannibal brav auf Hakons Hand. »Hast du etwa die ganze Zeit auf meinem Helm gesessen?«, fragte Hakon.

Hannibal pickte mit dem Schnabel auf den Helm. Jetzt ging Hakon ein Licht auf. »Deinetwegen haben also alle vor mir Angst gehabt«, lachte er.

»Wollt Ihr nun beim Turnier mitmachen oder nicht?«, fragte der goldene Ritter ungeduldig. »Es geht gleich los.«

»Ja!«, rief Hakon, »Hannibal und ich sind bereit.«

Arme Ritter

»Psst!«, macht Frank. »Feindliche Burg in Sicht. Wir müssen ganz leise sein.«

Seine Spielzeugritter haben verstanden. Lautlos gleiten sie von ihren Pferden, verstecken die Pferde im Gebüsch und schleichen den Burgberg hoch. Sie haben Glück. Der Wächter auf der Zinne schnarcht vor sich hin. Auch sonst ist alles ruhig in der Spielzeug-Ritterburg.

Frank grinst. Diese Schnarchsäcke werden gleich ihr blaues Wunder erleben! Die sind aber auch wirklich zu blöd. Sogar die Zugbrücke haben sie unten gelassen. Die Ritter rücken näher und näher. Kurz vor der Zugbrücke bleiben sie stehen und warten auf Franks Befehle.

Der holt tief Luft. Dann ruft er: »Stürmt die Burg!«

Schreiend fallen die Ritter in den Hof ein. Und plötzlich kommt Leben in die Burg. Die Bewohner springen aus dem ersten Stock auf die Ritter herunter. »Überraschung!«, rufen sie.

Frank erschrickt. Sie sind in eine Falle getappt. »Macht sie fertig!«, brüllt er. »Jetzt erst recht!«

Darauf haben seine Ritter nur gewartet. Mit rasselnden Rüstungen gehen sie auf die Feinde los. Sie durchbohren ihre Schilde. Sie schlagen ihnen die Schwerter aus der Hand. Entsetzt weichen die Feinde zurück.

»Wir ergeben uns!«, rufen sie. »Verschont uns und unsere Burg!«

Doch Franks Ritter denken gar nicht daran. Sie treiben die Burgbewohner über die Zugbrücke. Sie werfen sie in den Burggraben.

»Stopp!«, ruft Frank. »Es reicht!«

Aber seine Ritter hören nicht mehr auf ihn. Sie stürmen zurück zur Burg, reißen die Mauern ein und zerstören die Türme.

»Nein, nicht!«, brüllt Frank.

Da ist es schon zu spät. Die Ritterburg stürzt in sich zusammen. Zurück bleibt nur ein Haufen Legosteine. Fassungslos starrt Frank auf die Ruine. Dann springt er auf und rennt zu Mama in die Küche. »Meine Ritterburg ist kaputt! Die blöden Ritter haben sie zerstört, obwohl ich es ihnen verboten habe.«

»Mein armer Ritter!«, sagt Mama zu Frank. »Weißt du was? Jetzt isst du erst mal was auf den Schrecken. Rate mal, was es heute gibt.«

Frank zuckt mit den Schultern. »Ich hab keinen Hunger.«

»Es gibt arme Ritter!«, sagt Mama lächelnd. »Probier doch wenigstens mal!« Sie stellt eine große Pfanne auf den Tisch. Darin brutzeln knusprige Weißbrotscheiben. Mama gibt Frank zwei davon auf den Teller und gießt Vanillesoße darüber.

Frank nimmt einen Bissen. Hmm, schmeckt das gut!

Ratzeputz ist sein Teller leer. »Noch so einen armen Ritter!«, ruft er.

»Sofort«, sagt Mama.

Als Frank pappsatt ist, fällt ihm seine Ritterburg wieder ein. Was nützt ihm
ein voller Magen? Er ist trotzdem ein armer Ritter, ein Ritter ohne Burg.
Wo soll er jetzt bloß leben?

Da sagt Mama: »Arme Ritter müssen zusammenhalten. Komm, ich seh
mir deine Ritterburg mal an. Vielleicht können wir sie ja wieder aufbau-
en.«

Mama geht mit Frank ins Spielzimmer. Als sie die zerstörte Burg sieht,
seufzt sie. »Deine Ritter sind aber ziemlich wild!«

»Stimmt«, gibt Frank zu. »Ich muss in Zukunft besser auf sie aufpassen.«

»Tu das!«, lacht Mama. Dann beugt sie sich über die Legosteine.

Eine halbe Stunde später steht die Ritterburg wieder. Sie sieht aus wie neu.
Frank stellt seine Spielzeugritter in den Burggraben.

»Da bleibt ihr jetzt erst mal!«, sagt er streng. »Und das nächste Mal hört
ihr auf meine Befehle, verstanden?«

»Jawohl!«, rufen die Ritter zerknirscht.

Hermine auf dem Turm

Burgfräulein Hermine hatte es satt. Seit Wochen stand sie jetzt oben auf ihrem Turm und wartete auf den Ritter ihres Lebens. Aber kein einziger Ritter ließ sich blicken.

»Ritter sind doch alle gleich!«, schimpfte Hermine. »Den ganzen Sommer treiben sie sich auf Turnieren rum.«

Ihre Mutter Sigune versuchte sie zu trösten. »Hab Geduld! Irgendwann wird schon ein Ritter vorbeikommen.«

»Irgendwann ist mir zu spät«, sagte Hermine. »Ich will jetzt Hochzeit feiern. Ich will ein großes Fest haben. Ich will essen und trinken und tanzen.«

Sigune schüttelte den Kopf. »Alles der Reihe nach! Erst der Ritter, dann das Fest.«

»Warum eigentlich?«, fragte Hermine trotzig. Und plötzlich grinste sie. »Ich hab's! Ich lade alle meine Freundinnen ein. Und dann feiern wir einfach so. Ohne Hochzeit und ohne die blöden Ritter. Die sind selber schuld, wenn sie nicht kommen.«

»Das geht doch nicht«, sagte Sigune. Hermine guckte sie flehend an. »Bitte, Mama! Ich stell mich danach auch wieder ganz brav auf meinen Turm, versprochen!«

»Du und brav?« Sigune lachte. »Aber du hast eigentlich Recht. Wir haben schon ewig kein Fest mehr gefeiert.«

»Danke!«, rief Hermine und fiel Sigune um den Hals. »Wann feiern wir? Gleich morgen?«

»Nein«, sagte Sigune energisch. »Ein bisschen Geduld musst du schon noch haben. Aber du kannst mir bei den Vorbereitungen helfen. Dann schaffen wir es vielleicht in einer Woche.«

Hermine nickte begeistert. Die nächsten Tage packte sie fleißig mit an. Gemeinsam mit Sigune und den Mägden buk sie Brot, braute Bier, rupfte dreißig Hühner und briet sieben Spanferkel. Die Knechte stellten inzwischen Tische und Bänke im Burghof auf.

Endlich war es so weit. Die Kutschen fuhren durch das Burgtor. Überglücklich umarmte Hermine ihre Freundinnen.

»Herzlich willkommen!«, rief Sigune. »Setzt euch und esst und trinkt, so viel ihr wollt.«

Vergnügt schlugen sich die Freundinnen die Bäuche voll. Als alle satt waren, kamen die Spielleute mit Harfe, Laute und Fiedel. Hermine sprang als Erste hoch und fing an zu tanzen. Ihre Freundinnen und Sigune machten begeistert mit. Hermine tanzte so wild, dass sie alles um sich herum vergaß.

Plötzlich klopfte Sigune ihr auf die Schulter. »Wir bekommen neue Gäste.« Verwundert drehte Hermine sich um. Da sah sie einen Haufen Ritter am Burgtor. Wo kamen die denn auf einmal her?

Ein hübscher Ritter in einer grünen Rüstung sprang vom Pferd und verbeugte sich vor Sigune und Hermine. »Verzeiht, dass wir in Eure Burg eindringen! Wir kommen von einem Turnier und haben den fröhlichen Lärm gehört. Da wurden wir neugierig.«

»Wir feiern ein Fest«, sagte Sigune freundlich. »Ihr könnt gerne mitfeiern.«

Hermine zögerte. »Eigentlich ist es ein Frauenfest. Aber wenn Ihr nun schon mal hier seid ...«

Sigune trat Hermine heimlich auf den Fuß. »Meine Tochter will damit sagen, dass sie sich sehr freut.«

Der grüne Ritter strahlte Hermine an. Hermine guckte schnell weg und lief zurück zur Tanzfläche. Als die Ritter gegessen und getrunken hatten, forderten sie die Mädchen zum Tanz auf. Hermine wurde von allen Rittern umschwärmt. Sie tanzte mit jedem einmal, aber der grüne Ritter tanzte eindeutig am besten. Beim letzten Tanz sah er ihr plötzlich tief in die Augen.

»Ihr seid schöner als die Morgenröte und süßer als Honig. Ich sehne mich danach, der Ritter Eures Lebens zu sein. Wollt Ihr meine Frau werden?«

Hermine wurde rot. »Vielleicht«, sagte sie.

Der grüne Ritter schluckte.

Da lachte Hermine. »Ich hab so lange auf Euch gewartet. Jetzt müsst Ihr schon auch ein bisschen Geduld haben.«

Nur Mut, Ritter Espenlaub!

Seit er zum Ritter geschlagen wurde, versuchte Ritter Espenlaub, mutig zu sein. Aber immer wenn er es sich ganz fest vorgenommen hatte, erschreckte ihn etwas so sehr, dass er sofort wie Espenlaub zitterte. Am meisten fürchtete er sich vor den wilden Tieren im dunklen Wald. Doch heute musste er unbedingt in den Wald, um zu jagen, denn er hatte nichts mehr zu essen.

Sobald seine Diener am Waldrand ankamen, ließen sie die Hunde los. Bellend stürmte die Meute davon, und die Diener galoppierten hinterher. Ritter Espenlaub versuchte, ihnen zu folgen, aber sie waren schon im Unterholz verschwunden.

Ritter Espenlaub blieb allein zurück. Die Bäume ächzten im Wind. Ein Käuzchen schrie. Plötzlich raschelte etwas. Ritter Espenlaub klammerte sich an die Mähne seines Pferdes. Ein Wildschwein kam aus dem Gebüsch und starrte ihn böse an. Dann trabte es zum Glück davon. Ritter Espenlaub biss die Zähne zusammen und ritt weiter. Endlich wurde es etwas heller. Er kam an eine Lichtung. Hoffentlich waren dort seine Diener! Doch statt der Diener tauchte ein riesiger Schatten vor ihm auf. Ritter Espenlaub riss sein Pferd herum. Bloß weg von hier!

Da hörte er eine Stimme. »Keine Angst, ich bin es nur, Ritter Manfred.« Zögernd drehte Ritter Espenlaub sich um und erblickte einen alten Ritter mit langen, grauen Haaren. Der winkte ihm freundlich zu. »Komm zu mir ans Feuer! Die Wärme wird dir gut tun.«

Ritter Espenlaub fiel ein Stein vom Herzen. Endlich war er nicht mehr allein! Er setzte sich zu Ritter Manfred ans Feuer. Der bot ihm Wein und

Brot an, und erst jetzt merkte Ritter Espenlaub, wie hungrig er war.

»Das Ritterleben ist hart und gefährlich«, sagte Ritter Manfred. »Ich weiß, wovon ich spreche. Als ich so alt war wie du, hatte ich oft schreckliche Angst.«

»Wirklich?«, fragte Ritter Espenlaub.

Ritter Manfred nickte. »Ich traute mich kaum aus meiner Burg. Aber eines Tages schenkte mir ein alter Ritter sein Schwert. Es hieß Nontimor. Und ab da hatte ich keine Angst mehr.«

»Oh, wie wunderbar!«, sagte Ritter Espenlaub.

Ritter Manfred löste sein Schwert vom Gürtel und gab es Ritter Espenlaub. »Nun bin ich alt und schenke dir Nontimor. Möge es dir genauso viel Mut machen wie mir.«

Ritter Espenlaub strich vorsichtig über die Klinge des Schwertes. Wie leicht es sich anfühlte! »Danke!«, sagte er und sah auf.

Doch Ritter Manfred war auf einmal spurlos verschwunden. Ritter Espenlaub rieb sich die Augen. Hatte er alles nur geträumt? Nein, Nontimor lag

immer noch in seinen Händen. Eine sanfte Wärme ging von dem Schwert aus. Ritter Manfred kam nicht zurück, und schließlich schlang Ritter Espenlaub Nontimor um seinen Gürtel und stieg wieder auf sein Pferd. Der Wald war noch genauso dunkel wie vorher, aber Ritter Espenlaub schreckte nicht mehr vor jedem Geräusch zurück. Mutig ritt er weiter. Auf einmal hörte er Hundegebell und Stimmen. Das waren seine Diener! Erleichtert lenkte Ritter Espenlaub sein Pferd in die Richtung der Stimmen. Plötzlich sprengte ein schwarzer Ritter aus dem Gebüsch und versperrte ihm den Weg. Ritter Espenlaub erschrak und fing an zu zittern. Der schwarze Ritter lachte höhnisch. »Los, kehr um, du Hasenfuß! Ich will hier jagen.«

Ritter Espenlaub tastete nach Nontimor. Die Wärme des Schwertes floss von seiner Hand zu seinem Herzen. »Hörst du schlecht?«, brüllte der schwarze Ritter. »Hau ab!« Da holte Ritter Espenlaub tief Luft. »Ich denke gar nicht daran. Der Wald ist groß genug für alle. Lass mich durch, ich muss zu meinen Jagdhunden.« »Du hast g...große, g...gefährliche Jagdhunde?«, stammelte der schwarze Ritter und sah sich ängstlich um. Dann wich er rasch zur Seite. Lachend galoppierte Ritter Espenlaub an ihm vorbei.

Das letzte Kettenhemd

Morgen hat Florians Bruder Markus
Geburtstag. Florian möchte ihm etwas
ganz Besonderes schenken. Denn Markus
ist auch etwas ganz Besonderes. Obwohl er schon zehn ist, spielt er fast
jeden Tag mit Florian. Und wenn die Nachbarjungs Florian ärgern, ver-
teidigt er Florian wie ein tapferer Ritter.
Florian stöbert in seinen Spielsachen. Wie wär's mit einem Ball? Babykram!
Ein Legoturm oder ein kleines Plastikschwert? Lächerlich! Da sieht Florian
sein großes Ritterschwert und den Schild. Die Sachen mag er am allerliebs-
ten. Ja, die will er Markus schenken!
Am nächsten Morgen legt Florian die Geschenke auf den Geburtstagstisch.
Papa zündet die Kerzen an. Mama läutet das Geburtstagsglöckchen.
Markus kommt und stürzt sich sofort auf Florians Geschenke.
»Schwert und Schild – toll!«, ruft er. »Aber sind das nicht deine Lieblings-
sachen? Willst du die wirklich hergeben?«
»Klar«, sagt Florian.
Da klopft ihm Markus auf die Schulter. »Danke, Ritter Florian! Ich werde
die Waffen in Ehren halten.«
Nach dem Frühstück fahren alle in den Zoo. Markus nimmt Schwert und
Schild mit. Florian freut sich. Markus sieht toll aus damit. Das Schwert und
der Schild sind aber auch herrlich. Doch die gehören jetzt Markus. Florian
hat sie ihm schließlich geschenkt. Ob Markus ihn vielleicht ab und zu
damit spielen lässt? Florian beißt sich auf die Lippe. Nein, er wird Markus
nicht danach fragen. Ein Ritter muss stark sein, auch wenn er alles verliert!
Als sie abends nach Hause kommen, trägt Markus Schwert und Schild in

sein Zimmer. Florian wirft einen letzten, langen Blick darauf. Dann geht er auch ins Bett.

Aber er kann nicht einschlafen. Dauernd muss er an das schöne Schwert und den Schild denken. »Ritter Florian«, hat Markus zu ihm gesagt. Ja, Florian wollte schon immer ein Ritter sein. Aber ist er ohne Schwert und Schild überhaupt noch ein Ritter? Wie soll er sich jetzt bloß verteidigen? Florian spürt, wie Tränen in seine Augen steigen. Schnell wischt er sie weg. Ein Ritter weint nicht! Florian zieht sich die Bettdecke fest über den Kopf. Und irgendwann schläft er dann doch ein. Er schläft so tief, dass er nicht merkt, wie Markus heimlich in sein Zimmer schleicht.

Als Florian aufwacht, scheint die Sonne auf sein Bett. Normalerweise würde er jetzt aufspringen und in den Garten zu seiner Spielzeug-Ritterburg rennen. Aber heute bleibt er liegen. Was soll er da ohne Schwert und Schild? Ganz langsam steht Florian auf. Seine Arme und Beine fühlen sich an, als ob sie in einer tonnenschweren Ritterrüstung stecken würden. Plötzlich stolpert Florian über etwas Hartes. Aua! Er guckt hinunter zu seinen Füßen. Da sieht er sein Schwert und seinen Schild! In dem Moment geht die Tür auf, und Markus kommt herein.

»Du hast deine Sachen hier vergessen«, murmelt Florian.

Markus schüttelt den Kopf. »Sie gehören dir. Ein echter Ritter braucht doch Schwert und Schild.«

Florian sieht ihn ungläubig an.

»Ja, du bist ein echter Ritter, nicht ich«, lächelt Markus. »Du hast es bewiesen.«

»Wie denn?«, fragt Florian.

Markus antwortet: »Einen echten Ritter erkennt man daran, dass er besonders freigiebig ist. Für seine Freunde gibt er sein letztes Kettenhemd her. Und genau das hast du getan. Da, hier hast du deine Sachen wieder!«

»Warte!«, ruft Florian. »Das Schwert kannst du gerne behalten. Ich hab ja noch mein kleines Plastikschwert.« Er schenkt Markus zum zweiten Mal das große Schwert und holt dafür sein kleines. Mit Plastikschwert und Schild geht er zum Spiegel. Aus dem Spiegel schaut ihn ein unglaublich stolzer Ritter an.

Sieg für Otto

Kaum war Otto nach seiner langen Reise vom Pferd gesprungen, schloss Onkel Richard ihn in die Arme. »Ich bin ja so froh, dass ich dich zum Ritter erziehen darf! Gib mir ein Jahr, und ich mache aus dir den tapfersten Ritter der Welt.«

»Ich will aber gar kein Ritter werden«, sagte Otto. »Ich will ...«

»Unsinn!«, rief Onkel Richard. »Du wirst Ritter, und damit basta. Du sollst mir helfen, meine Burg zu verteidigen. Jetzt ruh dich ein bisschen aus. Später gehen wir auf die Jagd.«

Otto strahlte wieder. »Au ja! Jagen tue ich wahnsinnig gern. Aber noch lieber pflanze ich Blumen und Sträucher.«

Onkel Richard überhörte den zweiten Satz. »Na, das klingt ja schon viel besser«, brummte er. »Ein Ritter muss ein ausgezeichneter Jäger sein.«

Eine Stunde später zogen die beiden mit den anderen Knappen los. Im Wald legten sie sich auf die Lauer.

»Da, ein Vogel!«, flüsterte Onkel Richard plötzlich.

Otto spannte einen Pfeil in seinen Bogen, zielte und schoss.

»Treffer!«, lobte Onkel Richard. »Weiter so!«

Im Laufe des Nachmittags schoss Otto noch zwei Vögel. Auf dem Heimweg fragte er: »Darf ich jetzt noch ein bisschen in den Garten?«

»Na gut«, sagte Onkel Richard.

Der Garten von Onkel Richard war sehr klein.

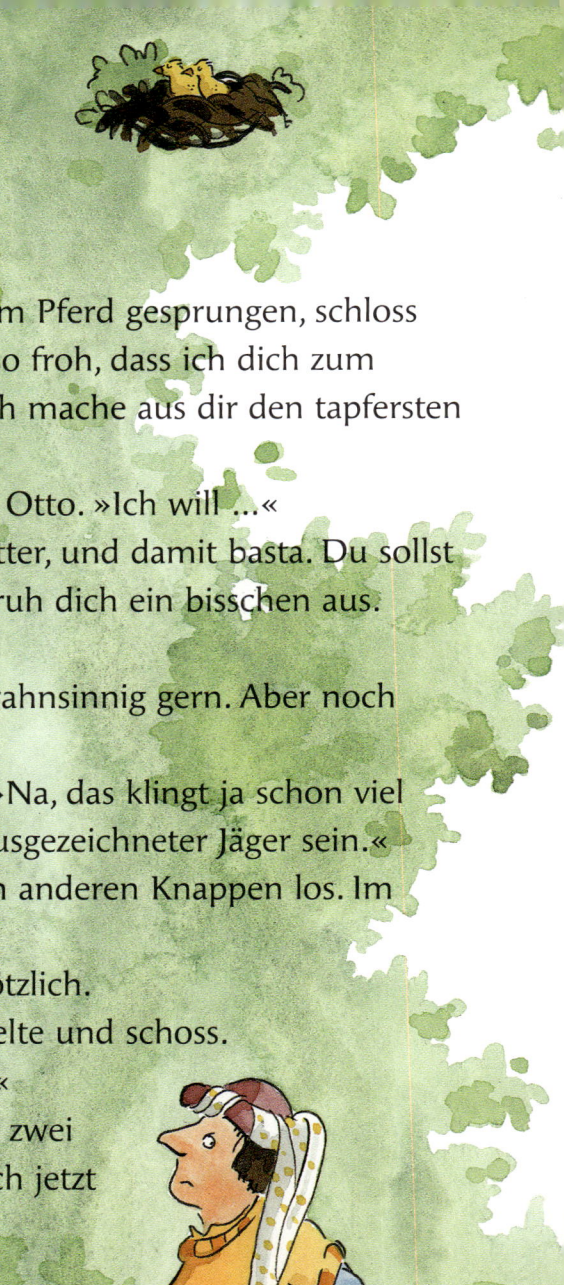

Nur ein paar mickrige Sträucher standen darin. Otto holte Rechen und Harke und legte los. Leider wurde es bald dunkel, und er musste aufhören. Am nächsten Morgen trieb Onkel Richard ihn vor Sonnenaufgang aus dem Bett. »Aufstehen! Die Schwerter rufen.«

Stundenlang musste Otto Schwerter schleifen und polieren, mit den anderen Knappen kämpfen und schließlich die verbeulten Schwerter wieder gerade biegen. Danach war er so müde, dass er kaum noch eine Harke halten konnte. Trotzdem arbeitete er wenigstens ein bisschen im Garten. So ging das weiter, Tag für Tag, Woche für Woche. Onkel Richard hetzte Otto hin und her: Er ließ ihn Lanzen werfen, kämpfen und mit dem Pferd über Stock und Stein reiten. Die wenige freie Zeit, die Otto blieb, verbrachte er im Garten. Er grub die Erde um, rupfte Unkraut und pflanzte Rosensträucher.

Jedes Mal, wenn Onkel Richard vorbeikam, schimpfte er: »Lass doch die blöde Weiberarbeit! Bereite dich lieber auf unsere Feinde vor!« Otto nickte, aber er ließ sich nicht stören.

Ein halbes Jahr verging, es wurde ein Jahr daraus. Otto konnte nun alles, was ein Ritter können muss. Trotzdem war er immer noch am liebsten im Garten. Seine Rosen waren zu einer dichten, meterhohen Dornenhecke geworden. Die Hecke umrankte die ganze Burg und reichte bis hinunter zur Zugbrücke. Nur noch durch einen Geheimgang kam man in die Burg rein und wieder raus.

»Na, Otto?«, fragte Onkel Richard eines Tages. »Ritter sein ist wunderbar, oder?«

Otto schüttelte den Kopf. »Ich will kein Ritter werden, das weißt du doch. Ich will Gärtner werden – und nebenher jagen.«

»Sei still!«, rief Onkel Richard. »Du wirst Ritter, ob du willst oder nicht. Überall hier lauern Feinde.«

Bevor Otto etwas darauf sagen konnte, hörten sie Pferdegetrappel.

»Siehst du?«, flüsterte Onkel Richard. »Die Feinde sind schon da.«

Schnell zogen sie die Zugbrücke herauf und versteckten sich im Geheimgang. Eine Horde feindlicher Ritter stürmte auf die Burg zu.

Plötzlich blieben die Pferde in der Dornenhecke hängen. Die Reiter fielen mitten in die Dornen hinein und brüllten vor Schmerz. Sie versuchten sich wieder zu befreien, doch die Hecke war viel zu dicht.

Onkel Richard grinste. »Jetzt brauchen wir sie nur noch zu pflücken.«

Dann sah er Otto bewundernd an. »Das haben wir ganz allein dir zu verdanken.«

»Darf ich jetzt Gärtner werden?«, fragte Otto.

»Klar!«, rief Onkel Richard.

Die schönsten Vorlesebücher für Kinder